Walter Trobisch

Kleine Therapie für geistliche Durststrecken

Walter Trobisch

Kleine Therapie für geistliche Durststrecken

Von der Überwindung geistlicher Tiefpunkte

R. Brockhaus Verlag Wuppertal

R. Brockhaus Taschenbuch Bd. 271

4. Taschenbuchauflage 1984

Umschlagfoto: E. Streichan - ZEFA
Gesamtherstellung: Breklumer Druckerei Manfred Siegel

ISBN 3-417-20271-X

INHALT

VORWORT

Die »Kleine Therapie für geistliche Durststrecken« geht in weiten Teilen auf einen Artikel von Prof. A. Köberle zurück. Ihm gilt mein besonderer Dank für sein Einverständnis, seine Gedanken auf diese Weise zu verwenden und zu veröffentlichen.

Die neutestamentlichen Bibelstellen sind – soweit nicht anders angegeben – der »Guten Nachricht«, die alttestamentlichen Stellen der Übersetzung von Jörg Zink entnommen.

Ich hoffe, daß sich das Büchlein wirklich als »Kleine Therapie für geistliche Durststrecken« erweist. Wer weitere Hilfe braucht, wende sich an einen Seelsorger, zu dem er Vertrauen hat. Darüber hinaus bin ich gerne bereit, brieflich zu helfen, wenn Sie mir schreiben.

Walter Trobisch

Der Mensch ist wie ein Fisch auf dem Trockenen. Irgendwo muß doch ein Ozean sein!

Matthias Claudius

I. Kleine Therapie für geistliche Durststrecken

SYMPTOME

Freude – das kann man wohl sagen – ist der elementarste und natürlichste Ausdruck eines Lebens in enger Gemeinschaft mit dem lebendigen Gott. »Freut euch immerzu, weil ihr mit dem Herrn verbunden seid. Ich sage es noch einmal: Freut euch«, ruft Paulus der Gemeinde in Philippi zu (Phil 4,4), und der Psalmdichter jubelt: »Mein Herz und mein Leib freuen sich dem lebendigen Gott entgegen« (Ps 84,2).

Aber Hand aufs Herz – wer von uns hat sie noch nicht erlebt, jene Tage oder gar Wochen und Monate, in denen wir die Worte des Psalmisten nicht ehrlich nachsprechen können? Unser Herz freut sich dann nicht, und schon gar nicht unser Leib. Nein, jedes Gefühl der Freude ist in uns erstorben, und alle unsere Versuche, sie neu zu beleben, scheitern.

Der »lebendige Gott« scheint tot. Wir lesen die Bibel, aber sie sagt uns nichts. Unsere »Stille Zeit« wird zur lästigen Pflichtübung. Wir haben kein Verlangen zu beten. Das Abendmahl läßt uns innerlich unbeteiligt. Christliche Tugenden muten uns öde und langweilig an. Unser Gewissen wird unempfindlich und stumpf.

»Dein Wort ist meinem Munde süßer als Honig« (Ps 119,193). Solche Aussagen klingen wie Hohn in unseren Ohren. Süß? Im Gegenteil – Gottes Worte schmecken uns fad oder gar bitter. Eher könnten wir mit David sagen: »Meine Jahre sind hingeschwunden mit Seufzen« (Ps 31,11; LÜ).

Unter solchen Zeiten geistlicher Erschöpfung kann ein Christ schrecklich leiden. Er quält sich selbst mit der immer neuen Frage: Warum kann ich Gott nicht mehr wie früher lieben? Er gerät in tiefe innere Konflikte, besonders wenn er handeln muß, als liebte er Gott, während er doch innerlich leergebrannt ist.

Wenn er auf diesen Durststrecken wenigstens schweigen könnte! Aber nein – seine Umwelt braucht und erwartet seine Liebe. Da sind die Kranken, die Verletzten, die Einsamen, die verstanden werden wollen. Auf Schritt und Tritt begegnet er Menschen, die offenbar von ihm Trost und Stärkung erwarten. Deshalb können solche geistlichen Tiefs für Seelsorger oder Missionare besonders bitter sein. Sie sind es aber im Grunde für jeden Christen. Wer einmal vor einem Mitmenschen gestanden hat, der ihn um Hilfe anflehte, ihn, der doch selbst innerlich ausgehöhlt und verdorrt war, der weiß, was Verzweiflung ist.

Die sogenannte »Dialektische Theologie« würde uns vermutlich entgegenhalten, das Problem der »geistlichen Dürre« sei ganz unerheblich. Es sei belanglos, ob unsere Begegnung mit Gott von einem freudigen Gefühl begleitet sei, ja, für den Glauben spiele unser »Gefühl« überhaupt keine Rolle. Entscheidend sei, daß wir an Gottes Wort und seine Verheißungen glaubten, auch wenn wir nichts von seiner Kraft spürten. Die Größe unseres Glaubens erweise sich gerade da, wo die Gefühle ausblieben.

Dieses Argument ist bis zu einem gewissen Grade berechtigt. Es mag Situationen geben, in denen jedes Gefühl in mir abgestorben ist und ich mich nur an die Tatsache der Verheißung Gottes klammern kann, daß ich lebe und sein Kind bleibe, ob ich das nun fühle oder nicht.

Allerdings dürfen wir daraus nicht schließen, daß ein solcher Glaube ohne Gefühle der Ideal- oder auch nur der Normalzustand des Christen ist. Solche Freudlosigkeit und Leere ist als Dauerzustand nicht gottgewollt. Wir sollten versuchen, aus so einem Tief herauszukommen.

URSACHEN

Um solche geistlichen Tiefpunkte zu überwinden, müssen wir uns zunächst einmal über ihre Ursachen klarwerden. Ich möchte fünf solcher Ursachen nennen.

1. Sünde

Innere Freudlosigkeit und Leere ist manchmal darauf zurückzuführen, daß eindeutig Gottes Gebot übertreten und bewußt gegen seinen Willen gehandelt wurde und daß keine Bereitschaft da war, diese Sünde sich selbst und anderen vor Gott einzugestehen: »Als ich es verschweigen wollte, wurde ich krank und elend . . . meine Zunge verdorrte wie in den Gluten des Sommers« (Ps 32,3.4).

Nun verhält es sich aber oft so, daß Menschen, die unter so einer inneren Verdorrung leiden, sehr gewissenhafte, aufrichtige Christen sind. Sie sehnen sich nach der Nähe des Herrn und bemühen sich nach besten Kräften, seinen Willen zu tun. Ihr Problem ist, daß sie sich keiner Schuld bewußt sind und *dennoch* Gottes Nähe vermissen und nicht wissen, warum die Verbindung mit Gott abgerissen ist.

2. Unterernährung und Untätigkeit

Ein geistliches Gesetz lautet: »Wer viel ausgibt, muß auch viel einnehmen.« Wird dieser Grundsatz mißachtet, ist geistliche Lähmung die Folge. Damit stehen wir vor der Frage nach dem Stellenwert der täglichen »Stillen Zeit« und des persönlichen Bibellesens. Es genügt nicht, sich nur zu besonderen Gelegenheiten in seine Bibel zu vertiefen. Pfarrer und Christen, die beruflich im Reiche Gottes arbeiten, sind in der besonderen Gefahr, es nur zu tun, um eine Predigt oder Bibelstunde vorzubereiten oder einen Vortrag auszuarbeiten. Die tägliche Stille Zeit, in der wir unserem himmlischen Vater persönlichen zuhören, ist für jeden Christen, besonders aber für die »Berufschristen« ebenso wichtig wie die täglichen Mahlzeiten für unsere körperliche Gesundheit. Wenn wir ständig austeilen ohne immer wieder aufzutanken, werden wir uns früher oder später verausgabt haben.

In geistlicher Hinsicht kann allerdings nicht nur derjenige an Unterernährung leiden, der zu wenig »auftankt«, sondern auch der, der nicht genug austeilt. Wer viel einnimmt, muß auch viel ausgeben – anderntalls kann er das verlieren, was er hat.

Jesus sagte einmal: »Wer viel hat (wer viel weitergibt), der wird noch mehr bekommen, so daß er mehr als genug haben wird. Wer aber wenig hat (wer wenig weitergibt), dem wird auch noch das Wenige weggenommen werden, das er hat« (Mt 13,12).

Geistliche Lähmung kann also durchaus auch auf eine Unterernährung zurückzuführen sein, die durch mangelnde Bereitschaft verursacht wird, anderen geistliches Leben zu vermitteln. Viele Christen sind nicht inaktiv, weil sie »ausgelaugt« sind, sondern sie sind »ausgelaugt«, weil sie inaktiv sind. Ihre Untätigkeit ist nicht die Folge ihrer Leere, sondern die Ursache.

3. Überfütterung und Überanstrengung

Ich habe beobachtet, daß sich geistliche Durststrecken oft unmittelbar an Zeiten reicher Glaubenserfahrungen anschließen. Wenn wir auf Freizeiten oder Tagungen oder während der besonderen Gottesdienste in der Weihnachts-, Oster- und Pfingstzeit ungewöhnlich stark durch den Reichtum des Wortes Gottes gesegnet worden sind, kann es plötzlich geschehen, daß wir uns hinterher innerlich völlig erschöpft fühlen. Wir müssen uns deshalb klarmachen, daß es nicht nur eine geistliche Unterernährung, sondern auch eine geistliche Überfütterung gibt.

Manche Christen können eine unbegrenzte

Menge geistlicher Nahrung zu sich nehmen. Sie schaffen es, an drei verschiedenen wöchentlichen Bibel- oder Gebetsstunden teilzunehmen, ohne offenbar Schaden zu leiden.

Wir müssen jedoch erkennen, daß es andere, ebenso aufrichtige Christen gibt, die seelisch empfindlicher sind und deshalb nur eine begrenzte Menge geistlicher Kost verdauen können. Überfütterung kann ihrem geistlichen Leben schaden, ja, kann ein geistliches Tief verursachen.

Darüber hinaus gibt es die Gefahr der geistlichen Überanstrengung. So kann es geschehen, daß ein Seelsorger, der im Verlauf einer Woche mehrere Bibelstunden gehalten, an Gebetsversammlungen teilgenommen, 10–20 Stunden Religionsunterricht erteilt, eine Predigt vorbereitet und durch viele persönliche Gespräche zu helfen versucht hat, am Wochenende innerlich völlig verausgabt ist. Solche geistliche Überanstrengung kann sich über längere Zeit hinweg auswirken. Aber auch erzwungene Frömmigkeit in der Kindheit – die Überfütterung mit tristen, »saftlosen« Familienandachten, die leere Routine waren – kann dazu führen, daß einen solchen Menschen dann als Erwachsenen geistliche Dinge völlig unberührt lassen. Hier liegt ein Grund, warum Kinder aus frommen Häusern, oft auch Pfarrerskinder, mitunter zu überzeugten Atheisten werden. Es gäbe außer Karl Marx noch andere Beispiele.

4. Mißachtung unseres Körpers

Eine weitere Ursache geistlicher Erschöpfung wird in Ps 31,10 angedeutet: »Herr, sei mir gnädig, denn mir ist angst! Mein Auge ist trübe geworden vor Gram, matt meine *Seele* und mein *Leib*« (LÜ). Wie Freude Seele und Leib beeinflußt (Ps 84,3), so hat auch Verzweiflung Auswirkungen auf Seele und Körper.

Heute ist allgemein anerkannt, daß Körper und Seele eine Einheit bilden und daß seelische Störungen zu körperlichen Krankheiten führen können. »Als ich es wollte verschweigen, verschmachteten meine Gebeine (wurde ich körperlich krank) . . . mein Saft vertrocknete, wie es im Sommer dürre wird« (Ps 32,3.4. – LÜ). Hier wirkt sich seelisches Leiden auf den leiblichen Bereich aus.

Wir müssen jedoch lernen, daß auch das Umgekehrte gilt: Mißachtung unseres körperlichen Wohls beeinträchtigt unsere psychische Gesundheit und kann zu geistlicher »Auszehrung« führen.

Als Christen neigen wir gewöhnlich dazu, die

geistliche Seite unseres Lebens übermäßig zu betonen und die Wichtigkeit biologischer Tatsachen zu unterschätzen – die chemischen Vorgänge in unserem Körper, den Blutdruck, Wettereinflüsse, Wasser- und Luftverschmutzung. Wir reißen Körper und Seele auseinander. Was aber für Mann und Frau in der Ehe gesagt ist, dürfte auch für das Verhältnis von Körper und Seele gelten: »Was Gott zusammengefügt hat, sollen Menschen nicht scheiden« (Mt 19,6).

Sicher kann ein guter Pianist auch aus einem alten Instrument noch etwas herausholen. Doch selbst der beste Pianist kann das Kunstwerk, dessen Verwirklichung ihm vorschwebt, nicht so erklingen lassen, wie er möchte, wenn das Klavier verstimmt ist.

Wer mit seinem Körper Raubbau treibt, muß damit rechnen, auf geistlichem Gebiet, einen Preis zu zahlen.

5. Verlust des Gleichgewichts

Unsere Bekehrung zu Jesus Christus ist kein Freibrief, der es uns erlaubt, uns über die Gesetze der Schöpfung hinwegzusetzen, deren Teil wir sind. Gott hat seiner Schöpfung ein Gleichgewicht von Arbeit und Ruhe zugrunde gelegt. »Am siebten

Tag ... ruhte Gott von all seinem Werk, das er schaffend gemacht hatte« (1Mo 2,3).

In dieser Hinsicht haben wir in unserem Leben oft hoffnungslos das rechte Maß verloren. Wir sind überarbeitet und brüsten uns noch damit. Wenn wir jedoch diesen Rhythmus von Arbeit und Ruhe mißachten und das Gleichgewicht zerstören, das Gott in seine Schöpfung hineingelegt hat, bezahlen wir das mit dem Verlust unserer kreativen geistlichen Kraft, und geistliche Lähmung wird die Folge sein.

THERAPIE

Wie aber kann einem Menschen, der von einer solchen Lähmung befallen wird, geholfen werden? Die Hilfen müssen den Ursachen entsprechen.

1. Vergebung

Wenn eine Sünde begangen und als Ursache des geistlichen Tiefs erkannt worden ist, dann ist das einzige Heilmittel das Bekennen und ein erneuter Zuspruch der Vergebung. Wie schon erwähnt, darf man jedoch nicht automatisch Sünde als Grund voraussetzen. Wenn sich jemand, der eine geistliche Durststrecke durchleidet, ehrlich geprüft hat und keinen bewußten Akt des Ungehorsams gegen Gott in seinem Leben entdeckt, den er noch nicht bekannt hätte, dann wäre es schädlich und überflüssig, ihm – ähnlich wie die Freunde Hiobs – einreden zu wollen, er sei irgendwie schuldig und müsse Buße tun. Der erfahrene Seelsorger wird es nicht unterlassen, einen vorsichtigen Fühler in diese Richtung auszustrecken, aber, wenn er keine Schuld findet, sofort andere Hilfen anbieten.

2. Disziplin und Verantwortung

Ist »Unterernährung« die Ursache, dann ist wahrscheinlich eine Neuordnung des geistlichen Lebens notwendig. Je praktischer die Hilfe ist, die hier angeboten wird, um so eher wird Heilung eintreten.

Oft liegt die Unterernährung daran, daß wir zu sehr aus zweiter Hand leben. Wir hören Predigten und lesen Andachten und Kalendergeschichten, die andere vorbereitet haben. Ein solches Lernen von anderen hat sicher seinen Platz. Aber das allein genügt nicht. Wir brauchen ein Leben aus *erster* Hand. Wir müssen uns darin üben und direkt persönlich von Gottes Wort anreden lassen. Vorgekaute Nahrung ist nur für Kleinkinder.

Viele brauchen mitunter einen kleinen Rippenstoß von einem anderen, um eine gewisse Ordnung in ihr Leben zu bringen. Ordnung ist etwas anderes als Gesetzlichkeit. Gesetzlichkeit tötet; Ordnung hingegen trägt unser geistliches Leben wie ein Gerüst den Bau. Wer sich einmal selbst eine bestimmte Ordnung und Disziplin auferlegt hat, der wird merken, wie belebend das ist. Ohne Ordnung gibt es weder ein physisches noch ein geistliches Leben.

Deshalb sollten wir uns einmal ernsthaft Gedanken darüber machen, zu welcher Tageszeit wir unser tägliches Gebet und unser Bibelstudium am besten einplanen können. Am ehesten ist dazu wohl der frühe Morgen geeignet. Aber oft ist das durch äußere Umstände nicht möglich. Dann sollten wir flexibel sein. Wichtig ist, daß wir eine bestimmte Zeit des Tages, an der wir wach und aufnahmebereit sind, dafür freihalten. Wer damit Erfahrung sammelt, wird bald feststellen, daß dies letztlich kein Zeitverlust, sondern ein Zeitgewinn ist. Ein Plan für die tägliche Bibellese sowie eine Liste zur Fürbitte für andere hat sich dabei oft als hilfreich erwiesen.

Ein Bericht über einen Brief Martin Luthers an seinen Barbier, der in diesem Büchlein folgt, enthält noch viele andere praktische Hinweise zur Gestaltung der Stillen Zeit. Hier sei nur ein Rat vorweggenommen: Luther empfiehlt, sich Notizen zu machen über das, was Gott sagt:

> »Ob der Heilige Geist . . . käme und anfinge in dein Herz zu predigen . . ., das merk *und schreibe es an,* so wirst du Wunder erfahren . . .«

Eines dieser »Wunder« könnte die Bereitschaft sein, eine bestimmte Aufgabe in Gottes Reich zu übernehmen. Jede Aufgabe, und sei sie noch so unscheinbar, ist ein wirksames Heilmittel für geistliche Unterernährung, die auf Untätigkeit zurückgeht.

3. Geistliches Fasten

Ist unsere geistliche Lähmung durch geistliche Überfütterung ausgelöst, dürfen wir nicht der irrigen Meinung verfallen, wir müßten nun mehr beten, länger die Bibel studieren und häufiger Versammlungen besuchen. Ebensogut könnte ein Diabetiker versuchen, seine Krankheit dadurch zu heilen, daß er mehr Süßigkeiten und Zucker ißt!

Viel hilfreicher wäre es wahrscheinlich, wenn wir uns einer Zeit geistlichen Fastens unterzögen, unsere Stille Zeit auf ein Minimum reduzierten, nur kurz beteten, eine Zeitlang keine christlichen Bücher mehr läsen und keine Aufgaben in der Gemeinde übernähmen, bis der Appetit nach geistlicher Nahrung wieder wach geworden ist. Inzwischen können wir uns einer Vielzahl anderer Aufgaben widmen, an denen wir Freude haben, und unsere Gedanken auf andere Dinge richten.

Einen solchen Rat zu geben, erfordert Mut. Wer sich dazu entschließt, muß sich auf heftige Kritik gefaßt machen: Auf Kritik von lieben, frommen Menschen, die Gewohnheiten brauchen – selbst wenn sie inhaltslos sind –, um sich »sicher« zu fühlen, und die doch gerade dadurch ihre tiefinnere Unsicherheit beweisen.

4. Ernstnehmen biologischer Tatbestände

Wenn wir deshalb innerlich ausgetrocknet sind, weil unser Körper nicht zu seinem Recht gekommen ist, dann sind zunächst einmal genügend Schlaf und ein Ausruhen mit gutem Gewissen wichtiger als alles andere.

Auch die Auswirkung einer falschen und einseitigen Ernährung sind nicht zu unterschätzen. Enthält unsere tägliche Nahrung genug Vitamine? Bekommt mein Körper in ausreichender Menge Gemüse, Obst, Beeren und Salate? Das kann eine geistliche Frage sein! Jedenfalls sind eine reine Haut, frische Luft und Sonnenschein und eine gute Verdauung oft unserer geistlichen Gesundheit zuträglicher als Seelenmassage und Bekehrungspredigten.

Auch auf den körperlichen Ausgleich kommt viel an. Viele haben erfahren, daß ihnen ein Schwimmbad, eine Bergbesteigung, eine Sauna dann und wann und ein Dauerlauf jeden Morgen oder jeden Abend am besten hilft gegen Depressionen.

5. Spielerische Heiterkeit

Das Leben wieder ins rechte Gleichgewicht zu bringen, kann schwerer sein als viele meinen. Möglicherweise müssen wir dazu nämlich unsere Arbeit und unseren Terminkalender, ja, unseren ganzen Lebensstil von Grund auf ändern. Aber in geistlicher Hinsicht kann das entscheidend wichtig sein. Nehmen wir uns Zeit zur Entspannung, zum Feiern, zum Spielen? Tun wir auch einmal etwas, womit wir kein praktisches Ziel, keinen nützlichen Zweck verfolgen? Leisten wir uns den »Luxus« eines Hobbys, das uns ganz gefangennimmt? Ein Hobby ist kein Luxus. Es ist notwendig, denn es wendet die Not!

Spielerische Heiterkeit, die auch auf andere überspringt, kann ein größeres Zeugnis für unseren Herrn sein als der tierische Ernst mancher Christen (»Ein Christ ist immer im Dienst . . .«). Gleichzeitig kann solche Heiterkeit und Gelassenheit neue schöpferische Kräfte in uns selbst wecken und die Tore zu neuen geistlichen Erfahrungen öffnen.

»DIE KRANKHEIT WIRD NICHT ZUM TOD FÜHREN« (Joh 11,4)

Etwas Tröstliches muß aber noch hinzugefügt werden: Wir sollten geistliche Tiefs nicht *nur* als Unglück, nicht nur als etwas Negatives betrachten.

Es kann uns ein tiefer Trost sein, daß die Bibel dieses Leiden kennt und uns versteht, wie die schon zitierten Stellen beweisen. In der Heiligen Schrift begegnen wir Menschen, die in enger Gemeinschaft mit Gott lebten und dennoch dieselben Erfahrungen machten wie wir: »Meine Zunge klebt mir am Gaumen, und du legst mich in des Todes Staub« (Ps 22,16).

In der Tat haben alle, die ein wirklich intensives Glaubensleben führten – ich denke etwa an Luther, Pascal oder Kierkegaard –, auch geistliche Durststrecken durchleiden müssen, an denen sie zeitweise fast verzweifelten. Oft scheint es, als herrsche ein direkter Zusammenhang zwischen der Intensität des Leidens einerseits und der Intensität der Gemeinschaft mit Gott anderseits, wie ja auch die Täler am tiefsten erscheinen, die von den höchsten Bergen umgeben sind.

Wir brauchen uns deshalb solcher Durststrekken nicht zu schämen. Auch haben wir es nicht nötig, unsere wahren Gefühle hinter der Maske eines stets bereiten christlichen Lächelns zu verbergen und anderen Freude vorzuspielen, wenn uns in Wirklichkeit zum Heulen zumute ist.

Ein Gedanke hat mich persönlich immer wieder getröstet: Unter der scheinbaren Gottesferne leide ich nur deshalb so sehr, weil ich den Gegensatz kenne und zu anderen Zeiten seine Nähe erfahren habe. So gesehen kann unser Leiden unter geistlicher Lähmung ein Zeichen dafür sein, daß der Heilige Geist in uns wirkt. Und mitten in unserem Leid leuchtet dann die Verheißung neuer geistlicher Gesundheit auf. Es ist ja eigenartig, daß in der Bibel Wüste und Advent in einer geheimnisvollen Beziehung zueinander stehen.

Wir sollten deshalb lernen, geistliche Tiefs nicht einfach als Krankheit zu betrachten, sondern als heilsames Fieber und Symptom der Genesung. Diejenigen, die darunter leiden, sollten wir als Schon-Kranke unter Noch-nicht-Kranken ansehen. Vielleicht ist das Erleben eines Tiefs eine Form Seines Anklopfens an unserer Tür, mit dem Gott uns ankündigen will, daß er in einer neuen Weise in unser Leben eintreten will.

Mancher mag einwenden: »Aber muß denn Gott immer wieder zu uns kommen? Ist er nicht immer da – immer bei uns? Hat er nicht versprochen: ›Siehe, ich bin bei euch alle Tage‹?« Ja, das stimmt. Beides ist wahr. Er ist immer bei uns, und doch muß er immer wieder zu uns kommen. Das ist ein Geheimnis unseres Lebens als Christen.

Von Gott her gesehen ist seine Beziehung zu uns eine ununterbrochene Linie. Er ist uns immer gleich nah, hautnah, auch dann, wenn wir davon gar nichts spüren.

Von uns aus gesehen gleicht unsere Gottesbeziehung eher einer gestrichelten Linie. Da gibt es Leiden, Durststrecken. Manchmal fühlen wir uns ihm näher, manchmal ferner. Wie in Gottes Schöpfung Tag und Nacht, Hitze und Frost, Sommer und Winter herrschen, so ist auch unser geistliches Leben dem Wandel unterworfen. Es gibt darin Trockenzeiten und Regenzeiten.

Immer wieder müssen wir Durststrecken überwinden. Immer wieder will Gott zu uns kommen. Und so erklingt in jeder Wüste das Wort der Verheißung:

> Und wieder machte er die Wüste zum See, verdorrtes Land zu Quellen voll Wasser. Den Hungernden wies er dort Sitze an, sich zu gründen eine wohnliche Stätte. Und sie bauten das Feld und pflanzten den Weinberg und hielten reichliche Ernte.
> (Ps 107,35–37; Jerusalemer Bibel)

Um diese Verwandlung von der Wüste zum See erleben zu können, weist uns Martin Luther in einem persönlichen Brief einen sehr praktischen Weg. Dieser Weg soll im zweiten Teil dieses Büchleins aufgezeigt werden.

II. Martin Luthers Stille Zeit

Martin Luther hatte einen Barbier namens Peter Beskendorf. Eines Tages muß sich Meister Peter wohl ein Herz gefaßt und seinen weltberühmten Kunden, den Doktor der Theologie, gefragt haben: »Herr Dr. Luther, wie beten Sie eigentlich?«

Und Martin Luther antwortete. Er hielt es nicht für unter seiner Würde, seinem Barbier einen langen Brief zu schreiben – einen Brief, der gedruckt vierzig Seiten umfaßt! Im Frühjahr 1535 wurde er veröffentlicht unter dem Titel:

»Eine einfältige Weise zu beten.
Für einen guten Freund«*

Dieser Brief ist ein wahres Juwel. Er gibt uns nicht nur einen tiefen Einblick in Martin Luthers persönliches geistliches Leben, sondern ist gleichzeitig ein klassisches Beispiel für Seelsorge, echte geistliche Seelsorge eines Mannes, der etwas davon versteht. Lesen wir einmal den einleitenden Abschnitt:

»Lieber Meister Peter, ich geb's Euch so gut, als ich's habe, und wie ich selber mich mit Beten halte. Unser Herr Gott geb' es Euch und jedermann besser zu machen.«

* Die Zitate sind der Sonderausgabe des Quell-Verlags (Stuttgart 1955) entnommen.

So spricht Luther mit seinem Barbier! Luther erhöht seinen Gesprächspartner und erniedrigt sich selbst. Demütig stellt er sich *unter* ihn. Auf diese Weise kann er Meister Peter da abholen, wo er ist, kann sich in seine Welt versetzen:

> »Gleich als ein guter, fleißiger Barbierer muß seine Gedanken, Sinn und Augen gar genau auf das Schermesser und auf die Haar richten und nicht vergessen, wo er sei im Strich oder Schnitt; wo er aber zugleich will viel plaudern oder anderswohin denken oder gucken, sollt er wohl einem Maul und Nasen, die Kehle dazu abschneiden. Also gar will ein jeglich Ding, so es wohl gemacht soll werden, den Menschen ganz haben mit allen Sinnen und Gliedern, wie man spricht: . . . ›Wer mancherlei denkt, der denkt nichts, macht auch nichts Guts‹. Wieviel mehr will das Gebet das Herz einig, ganz und allein haben, soll's anders ein gut Gebet sein.«

Das ist Einfühlungsvermögen in das Leben und Empfinden eines anderen! Wie das in einem Brief ausgedrückt werden kann, sehen wir an diesem Beispiel. Nehmen wir auch heute noch wirklich die Gelegenheit wahr, in persönlichen Briefen Seelsorge zu treiben?

Doch dieser Abschnitt kann auch uns trösten. Luther erlebte in seinem Gebetsleben dieselben

Schwierigkeiten wie wir: Mangel an Konzentration. Als erste Hilfe gibt er einen praktischen Rat:

»Darum ist's gut, daß man frühmorgens lasse das Gebet das erste und des Abends das letzte Werk sein und hüte sich mit Fleiß vor diesen falschen, betrüglichen Gedanken, die da sagen: Harre ein wenig, über eine Stunde will ich beten, ich muß dies oder das zuvor fertigen; denn mit solchen Gedanken kommt man vom Gebet in die Geschäfte, die halten und umfangen denn einen, daß aus dem Gebet des Tages nichts wird.«

Luther wußte, daß man das Gebet versäumen kann. Er wußte, was es bedeutet, Tage geistlicher Lähmung zu durchleben. Immer wieder erzählt er seinem Barbier ohne Beschönigung, wie er selbst kämpfen muß, um sich nicht von »fremden Geschäften und Gedanken« ablenken zu lassen, und wie oft er erlebte, daß seine Gebete zur leeren Routine wurden.

Er schreibt:

»Doch muß man auch drauf sehen, daß wir nicht uns vom rechten Gebet gewöhnen und deuten uns zuletzt selbst nötige Werk, die es doch nicht sind, und werden dadurch zuletzt laß und faul, kalt und überdrüssig zum Gebet. Denn der Teufel ist nicht faul noch laß um uns her.«

Luther kannte also die Durststrecken und wußte um deren dämonischen Ursprung. Wir fühlen uns verstanden, wie Meister Peter sich verstanden gefühlt haben muß. Wer von uns hat noch nicht jene Zeiten durchgemacht, in denen die Stille Zeit zur leeren, sinnlosen Routine wurde, gefürchtet oder gar verhaßt, in jedem Fall aber langweilig. Und Langeweile ist der tödliche Feind des Heiligen Geistes.

Welche Hilfe bietet uns Luther an, damit wir dem Bann satanischer Kälte entrinnen und erneut die Atmosphäre des Heiligen Geistes erleben können, eine Atmosphäre der Wärme und Freude?

Luther empfiehlt, sich zunächst einmal zu »erwärmen«. Mehrmals betont er in seinem Brief, man müsse »das Herz erwärmen«, bis es »zu sich selbs kommen ist« und »zum Gebet ledig und lüstig ist«. Im Grunde genommen ist der Brief eine einzige ausführliche und praktische Anweisung, wie man »das Herz erwärmen« kann, *bevor* man mit dem Bibellesen beginnt, und er schließt mit der Aussage: »Wer geübet ist, kann hie wohl ... ein Kapitel der Schrift zu solchem Feuerzeug nehmen und seinem Herzen damit Feuer aufschlagen.«

Für ein solches »erwärmendes Gebet« erscheint Luther auch die Körperhaltung wichtig. Offenbar hält er nicht viel davon, im Sitzen zu beten. »Knie nieder oder stehe mit gefalteten Händen und Augen gen Himmel.« Dabei warnt er: »Aber siehe zu, daß du es nicht alles oder zuviel vor dich nehmest, damit der Geist nicht müde werde. Item ein gut Gebet soll nicht lang sein, auch nicht lange aufgezogen werden, sondern oft und hitzig sein.« Luther wußte also um die Möglichkeit der geistlichen Übersättigung und Überanstrengung!

Und der Inhalt des Gebets? Persönliche Nöte und Sorgen? O nein! Luther antwortet: »Beginne mit den Zehn Geboten!« Luther betet die Zehn Gebote! Dabei rasselt er sie nicht hintereinander herunter. Als ehemaliger katholischer Priester hat er eine Menge gegen »unnützes Geschwätz« (Mt 6,7) zu sagen, gegen leeres Wortgeplänkel, Plappern und Herunterleiern. Er nennt es »zerplappern und zerklappern«.

Um dieser Gefahr zu entgehen, denkt Luther nur über jeweils ein Gebot nach, »damit ich ja ganz ledig (frei) werde (soviel es möglich ist) zum Gebet«. Dieses Gebet formuliert er in seinen eigenen Worten, und er erklärt Meister Peter seine persönliche Methode:

> »Ich mache aus einem jeglichen Gebot ein gevièrtes oder ein vierfaches gedrehtes Kränzlein, als: Ich nehme ein jeglich Gebot an zum ersten als eine Lehre, wie es denn an ihm selber ist, und

denke, was unser Herr Gott darin so ernstlich von mir fordert; zum andern mache ich eine Danksagung draus, zum dritten eine Beicht, zum vierten ein Gebet.«

Dann macht sich Luther die Mühe – und nimmt sich die Zeit! –, alle zehn Gebote durchzusprechen und für seinen Barbier beispielhaft ein solches »vierfaches gedrehtes Kränzlein« für jedes der Gebote zu machen. Welch ein Seelsorger!

So schreibt Luther z. B. über das siebte Gebot, »Du sollst nicht stehlen«, folgendes:

»Erstlich lerne ich hie, ich solle meines Nächsten Güter nicht nehmen noch haben wider seinen Willen, weder heimlich noch offenbar, nicht untreu noch falsch sein mit Handeln, Dienen, Arbeiten, damit ich das Meine nicht diebisch gewinne, sondern solle mich im Schweiß meiner Nasen nähren und mein eigen Brot essen mit allen Treuen, item, daß ich helfen soll, daß meinem Nächsten (gleich wie mir selbs) das Seine durch obengenannte Stück nicht genommen werde . . .

Zum andern danke ich seiner Treu und Güte, daß er mir und aller Welt so gute Lehre und damit auch Schutz und Schirm gegeben hat; denn wo er nicht schützet', bliebe keinem kein Heller noch Bissen Brots im Hause.

Zum dritten beichte ich alle meine Sünde und Undankbarkeit, wo ich jemand Unrecht und zu kurz oder Untreu getan habe mein Leben lang etc.

Zum vierten bitte ich, er wolle Gnade verleihen, daß ich und alle Welt solch sein Gebot doch lernen und bedenken mögen und auch davon bessern, daß doch des Stehlens, Raubens, Schindens, Untreuens, Unrechts weniger werde und in Kürze durch den Jüngsten Tag, da alle aller Heiligen und Kreaturn Gebet hindringet, Röm 8, gar ein Ende werde.«

So versteht Martin Luther das Gebet. Beten ist für ihn also nicht nur bitten, rezitieren und sprechen. Beten heißt lernen, meditieren, suchen und auf diese Weise die Perspektive der Ewigkeit bekommen.

Wie geht es weiter? »Wenn du beim letzten der Gebote angelangt bist«, sagt Luther, »dann beschäftige dich in gleicher Weise mit dem Vaterunser. Nimm dir jeweils eine Bitte vor – vielleicht reicht eine für einen ganzen Tag – und drehe dir dein Kränzlein aus den vier Strängen.« Wieder beschreibt er Meister Peter Bitte um Bitte, wie er das tut.

In diesem Zusammenhang nennt Luther das Vaterunser den »größten Märtyrer auf Erden. Denn jedermann plagt's und mißbraucht's«. Wenn er es jedoch in der Weise des vierfach gewundenen Kränzleins betet, kann er sagen: »Ich sauge an ihm wie ein Kind, trinke und esse wie ein alt Mensch, kann sein nicht satt werden.«

Wenn Luther nach dem Vaterunser noch »Zeit und Muße hat«, wendet er sich dem Apostolischen Bekenntnis, »dem Glauben«, zu, Aussage für Aussage, und macht es auf dieselbe Art zu seinem Gebet. An einer Stelle unterbricht Luther allerdings seine Erklärung und teilt seinem Briefpartner folgende Erfahrung mit:

> »Kommt wohl oft, daß ich in einem Stücke oder Bitte in so reiche Gedanken spazieren komme, daß ich die anderen sechse lasse alle anstehen. Und wenn auch solche reiche, gute Gedanken kommen, so soll man die andern Gebete fahren lassen und solchen Gedanken Raum geben und mit Stille zuhören und beileibe nicht hindern; denn da predigt der Heilige Geist selber, und seiner Predigt ein Wort ist besser denn unserer Gebet tausend. Und ich hab auch also oft mehr gelernet in einem Gebet, als ich aus viel Lesen und Dichten hätte kriegen können.«

Beten bedeutet für Martin Luther also nicht nur reden. Es bedeutet auch, still zu sein und zuzuhören. Das Gebet ist für ihn keine Einbahnstraße. An ihm sind zwei Gesprächspartner beteiligt. Der Mensch spricht nicht nur zu Gott, sondern Gott spricht auch zu ihm – und dieser letzte Aspekt ist der wichtigste des Gebets.

Genau das sollten wir beim Bibellesen erwarten – daß Gott zu uns spricht. Bibellesen ist Gebet. Was Luther also über das Gebet sagt, läßt sich entsprechend auf unser Bibellesen übertragen, und wir erhalten dann eine überaus hilfreiche Methode, durch die eine Bibelstelle für unser persönliches Leben bedeutungsvoll werden kann. Ich meine damit, wir sollten Vers für Vers vorgehen und aus jedem Vers ein »vierfaches gedrehtes Kränzlein« machen.

Viele Christen haben dadurch eine echte Bereicherung ihrer Stillen Zeit erfahren. Sie treten mit folgenden vier Fragen – in etwas abgeänderter Reihenfolge als Luther sie vorschlägt – an einen Bibeltext heran:

1. Wofür habe ich zu danken? (Dank)
2. Was muß ich bei mir ändern? (Buße)
3. Worum darf ich bitten? (Bitte/Fürbitte)
4. Was soll ich tun? (Handeln)

Auch in diesem Zusammenhang sollten wir Luthers Warnung beachten: »Aber siehe zu, daß du es nicht alles oder zuviel vor dich nehmest, damit der Geist nicht müde werde . . . Ist gnug, wenn du ein Stück oder ein halbes kannst kriegen, daran du in deinem Herzen ein Feuerlein kannst aufschlagen . . . denn« – und dies ist eine der tiefsten Einsichten, die Luther seinem Barbier mitteilt – »die Seele, wenn sie auf ein Ding gehret (= ihr Begehren auf ein Ding richtet), es sei böse oder gut, und ihr ernst ist, so kann sie in einem Augenblick mehr denken denn die Zunge in zehen Stunden reden und die Feder in zehen Tagen schreiben, so ein behende, subtil und mächtig Ding ist's um die Seele oder Geist.«

Entscheidend ist also nicht die Menge der gelesenen Bibelverse. Es kann nutzbringender sein, sich einen Abschnitt von wenigen Versen vorzunehmen und jeden Vers wie einen Ast eines Obstbaums zu schütteln, bis eine Frucht herunterfällt. Dann wird aus der langweiligen Routine des Bibellesens ein erregendes Abenteuer.

Es ist ratsam, jede dieser Fragen zunächst an den Text selbst zu stellen. Was macht mich in diesem *Text* dankbar? Welche Aussage des *Textes* will mich korrigieren, übt an mir Kritik, leitet mich zur Buße? Welche Gebetsanliegen erwachsen dem *Text* – anstatt meinen eigenen Wünschen? Gibt es etwas im *Text,* was mich zu konkretem Handeln motivieren will?

Wir werden nicht jedesmal eine Antwort auf alle diese Fragen bekommen. Oft werden wir auch feststellen, daß die Antworten ineinander verwoben sind. Das, was mich in die Buße treibt, kann gleichzeitig mein wichtigstes Gebetsanliegen für den Tag sein und mich unter Umständen zu einer konkreten Tat der Wiedergutmachung oder Entschuldigung verpflichten.

Andererseits sollte der Text unsere Gedanken anstoßen und in die rechte Richtung lenken, ohne sie allerdings einzuengen und festzulegen. Wir können die genannten Fragen ein zweites Mal überdenken, können sie an die Erfahrungen unseres alltäglichen Lebens anlegen und uns auch die kleinen Dinge bewußt machen, für die wir dankbar sein können – den sonnigen Tag, den freundlichen Gruß, eine schöne Blume oder einen ermutigenden Brief, den wir bekommen haben. Vielleicht fällt uns ein, daß wir etwas gesagt haben, was wir besser nicht ausgesprochen hätten. Wir erinnern uns an Menschen, für die wir an diesem Tag besonders beten sollten. Beim Beantworten der vierten Frage können wir in der Atmosphäre dieser Art von Gebet den vor uns liegenden Tag einteilen und vorplanen und erhalten auf diese Weise eine sehr praktische Lösung des Problems, mit dem sich so viele Christen ein Leben lang herumschlagen – der Frage, wie man Gottes Führung erkennen kann.

Aus Luthers Zeugnis in diesem Brief geht klar

hervor, daß er überzeugt war: Gott spricht zu mir durch meine Gedanken, wenn »das Herz erwärmt« und »unter den Geboten, dem Vaterunser und dem Glauben zu sich selbs kommen ist«. »Das wird und muß der Geist geben und weiter lehren im Herzen, wenn es also mit Gottes Wort gereimet und geledigt (befreit) ist von fremden Geschäften und Gedanken.«

Er gibt seinem Freund allerdings einen praktischen Rat, den wir nicht vergessen sollten. Er rät Meister Peter, bei seiner Stillen Zeit stets Papier und Feder bei der Hand zu haben, um aufzuschreiben, was Gott ihm sagt:

> »Und wie ich droben gesagt habe beim Vaterunser also, vermahne ich abermal: Ob der Heilige Geist unter solchen Gedanken käme und anfinge in dein Herz zu predigen *mit reichen, erleuchten Gedanken,* so tu ihm die Ehre, lasse diese gefassete Gedanken fahren, sei stille und höre dem zu, der's besser kann denn du; und was er predigt, das merk und *schreibe es an,* so wirst du Wunder erfahren (wie David sagt) im Gesetze Gottes.«

Wer es sich einmal zur Gewohnheit gemacht hat, die Gedanken seiner Stillen Zeit in einem Notizbuch festzuhalten, der wird es kaum wieder aufgeben. Unsere persönlichen Andachten sind doch oft deshalb so unattraktiv und eintönig, weil jeder von uns an jedem Tag fast dieselben allgemeinen, vagen frommen Gedanken wiederholt. Das führt zu Monotonie. Unsere Gedanken bleiben unscharf und abstrakt, ohne Bezug zu unserem konkreten Alltag. Das Niederschreiben, wie es Luther vorschlägt, ist eine Form der Inkarnation, der Fleischwerdung, des Wortes Gottes, das dadurch greifbar, sichtbar und konkret wird. Wir sind gezwungen, genau, eindeutig und klar abgegrenzt zu formulieren. Statt Monotonie erleben wir Vielfalt und Überraschung.

Wenn wir unsere Gedanken am Morgen niedergeschrieben haben, können wir außerdem tagsüber nachprüfen, ob wir unsere Vorsätze auch ausgeführt haben. Ein chinesisches Sprichwort lautet: »Die blasseste Tinte ist stärker als das beste Gedächtnis.«

Haben wir einen Gebetspartner, ist es für den Austausch mit ihm sehr hilfreich, niederzuschreiben, was Gott uns gesagt hat. Dasselbe gilt für Entscheidungen in einer Ehe. Meine Frau und ich einigen uns immer auf denselben Text für unser tägliches Bibellesen. Als besonders nützlich empfinden wir das in Zeiten der Trennung. Sind wir wieder zusammen, können wir nämlich dann einander vorlesen, was wir uns in unserer Stillen Zeit notiert haben – und »erfahren Wunder«.

Das lernt sich freilich nicht von einem Tag zum anderen. Es braucht eine Zeit der Einübung. Wie als Vorbereitung auf einen Sportwettkampf das Warmlaufen notwendig ist, will man Höchstleistungen erzielen, so ist auch ein »Aufwärm-Training« des Herzens unerläßlich für unser geistliches Leben. Genau diese Ausdrücke verwendet Martin Luther. Wir werden nicht von vornherein unsere eigenen Wünsche und Vorstellungen von Gottes Gedanken unterscheiden können. Dazu bedarf es der Übung und Erfahrung. Dreht man in einem Neubau den Wasserhahn auf, kann es geschehen, daß zunächst einmal eine braune Brühe herausläuft. Wenn wir jedoch Geduld aufbringen und nicht gleich den Hahn aus Enttäuschung wieder zudrehen, wird schließlich klares Wasser heraussprudeln.

Dasselbe können wir in unserer Stillen Zeit erleben. Wenn unser Gebet zum Reden ins Schweigen übergeht und wir vom Schweigen zum Zuhören gelangen, dann wird die Stimme des Guten Hirten zu uns durchdringen – erkennbar, eindeutig und verständlich.

> »Das wird und muß der Geist geben und weiter lehren im Herzen, wenn es also mit Gottes Wort gereimet ist.«

R. BROCKHAUS TASCHENBÜCHER

146/147 **Um Füße bat ich und er gab mir Flügel** v. D. C. Wilson
178/179 **Finger an Gottes Hand** v. D. C. Wilson
184 **Man lebt – fragt sich nur wozu?** v. K. Vollmer
188 **Das normale Christenleben** v. W. Nee
194 **Er führt mich auf rechter Straße** v. E. Modersohn
195 **Nachdenken – Umdenken – Neudenken** v. K. Vollmer
196 **Teenager-Probleme** v. K. Eickhoff
201 **Ich muß mit dir reden** v. K. Eickhoff
206 **Im Schatten des Allmächtigen** v. E. Elliot
222 **Ich bin der Herr dein Arzt** v. H. C. Spurgeon
226 **Liebe dich selbst** v. W. Trobisch
228 **Das neue Erwachen** v. R. Hession
243 **Aber Herr Noah . . .** v. K. Vollmer
244** **Der Doktor von Titinow** v. R. Planner-Petelin
249 **Warum unbedingt Jesus?** v. W. Heiner
252 **Fragen erlaubt** v. E. Price
254 **Die Zuflucht** v. C. ten Boom
257* **Die Verlobung** v. W. Peper
260 **Und etliches fiel auf den Fels** v. B. Giertz
261 **Ja, aber . . .** v. R. Forster und P. Marston
263 **Seelsorge – wie macht man das?** v. R. Ruthe
265 **Denken erwünscht!** v. G. Schröter
266 **Der Hut auf dem Dielentisch** v. J. R. Davis
267 **Zwischen Gott und Satan** v. H. Thielicke
268 **Rebell aus Liebe** v. G. Irwin
270 **Liebe, die den Haß besiegt** v. F. Kivengere
271 **Kleine Therapie für geistliche Durststrecken** v. W. Trobisch
273** **Der Eukalyptusbaum** v. A. Ignatius
274 **Krankheit muß kein Schicksal sein** v. R. Ruthe
279 **Jugend und Ehe** v. C. Meves
281 **Der Spiegel Gottes** v. W. Nee
283* **Wir waren damals auch nicht besser** v. A. Richardson
286 **Glaube trotz KGB** v. H. Hartfeld
287 **Die Brücke über den San** v. E. Dembsen
289 **Wie sage ich: »Ich liebe dich«?** v. J. J. Swihart
290 **Gib nicht auf, Wanja!** v. M. Grant
291 **Der Schmuggler Gottes** v. Br. Andrew
292 **Wir sind hier fremde Gäste** v. G. Tersteegen
293 **Wie sollt ich Gott nicht loben** v. M. Claudius
294 **Geheime Fracht** v. J. H. MacLehose
295 **Täglich mit ihm sprechen** v. C. Marshall
296 **Im Weingarten** v. A. de Moor
297 **Der neue Sound** v. A. Malessa

298 **Eseleien** v. S. Kettling
302 **Ich gedenke der vorigen Zeiten** v. K. Heim
304 **Dein Typ ist gefragt** v. O. Hallesby
305 **Freu dich, das Beste kommt noch** v. C. ten Boom
307 **Unschuldig wie Gott sie schuf?** v. J. Illies
308 **Mit eigenen Augen** v. B. Giertz
309 **Das Schönste kommt noch** v. F. Rienecker
310 **Toleranz und Wahrheit, wie Hund und Katze?** v. S. Kettling
312 **Mit Gott durch dick und dünn** v. C. ten Boom
313 **Achtung: Fehlschaltung!** v. M. Horie
314 **Tal der Liebe** v. E. Hong
315 **Kinder brauchen mehr als Liebe** v. J. Wilt
316 **Der Nachbar aus dem andern Land** v. H. D. Quandt
317 **Schreiben befreit** v. W. Jentsch
318* **Trödeleien** v. A. Richardson
320 **Bete und staune** v. K. Marshall
321 **Der geheilte Patient** v. P. Hebel
322 **Die zweite Frau** v. B. Schmidt-Eller
323 **Dein Wort ist meines Herzens Freude** v. M. Luther
324 **Pioniere des Wortes** v. R. Steiner
325 **Pilatus** v. P. L. Maier
327 **Atomkraft – ja oder nein?** v. Heil/Mosner/Sautter
331 **Gott tröstet** v. H. Risch
332 **Freiheit** v. M. L. King
333 **Die Rettung der Verlorenen** v. T. Goritschewa
334 **Mit Muslimen leben** v. Troeger/Staub/Sookhdeo
335 **Damals im Sommer** v. C. Massey
336 **Luther als Seelsorger** v. T. Brandt
337 **Irina** v. H. Hartfeld
338 **Sterben – Der Höhepunkt des Lebens** v. Maier-Gerber
339 **Faulheit ist heilbar** v. R. Ruthe
340 **Wer nicht glaubt, glaubt auch** v. K. Vollmer
341 **Vom Kirchenvater Abraham u.a. Ungereimtheiten** v. S. Ben-Chorin
342 **Die Endzeit** v. O. Hallesby
343 **Jugenderinnerungen eines alten Mannes** v. W. v. Kügelgen
344 **Jesus ist Sieger** v. C. ten Boom
345 **. . . höher als alle Vernunft** v. B. Affeld
346 **Ein Sprung im Glas** v. I. W. Weiberg
347 **Kennen Sie ihn?** v. I. Hofmann
348 **Ich mag dich** v. Bärend/Böhm
349 **Vom gottseligen Leben** v. J. Arndt
350 **Kleines Haus mit offenen Türen** v. C. ten Boom
351 **Michelle** v. C. E. Phillips
352 **Der Kirchenstreicher** v. H.-D. Stolze

* »Erntebücher« – Besonders klares Schriftbild
** »Brockhaus Extra« – »Viel Buch für wenig Geld«